AF404445

Neuroosi 11

Joni Järvi-Laturi

Kannenkuva:Anthon Myski
Kustantaja: BoD – Books on Demand, Helsinki, Suomi
Valmistaja: BoD – Books on Demand, Norderstedt, Saksa
ISBN: 978-951-568-021-1

Pimeä ruutu.

Elokuva alkaa David Guettan ft. Sian Titanium-kappaleella.

Titaniumin soidessa,
kaksi ala-astelaista, tyttö ja poika, tanssivat
tanssilattialla.

Tekstiä:

*"Tämän elokuvan aiheena on kolme
naista, jotka kuolivat nuorena."*

Näytetään kolmea
naista tanssimassa nuorina
aikuisina yökerhossa,
kukin erillään, ilman
että heidän kasvonsa näkyvät.
Sininen valo loistaa
taustalla.

Sitten tulee kohtaus, jossa näkyy
vanhanaikaisen tietokoneen ruudulla lentokone
lentämässä kartalla Helsingistä New Yorkiin.
Ajaksi näytetään: 3. syyskuuta, 2003.

EXT. FINNAIR-LENTOKONE. PÄIVÄ. 2003.

Ilmoissa liitelevää lentokonetta näytetään eri kuvakulmista.

INT. FINNAIR-LENTOKONE. PÄIVÄ. 2003.

Nöyrän näköinen, John F. Kennedy Jr.n karismaattisuudella
ja raamikkaalla ulkonäöllä varustettu Marian Annala
kävelee lentokoneen vessaan, jossa hän istuutuu
alkaen näkemään unta.

Samaan aikaan kun Marian puhuu miehelle
unessaan, kuvataan lentokonetta eri kulmista.

MARIANIN ÄÄNI
Mikä vuosi nyt on?

MIEHEN ÄÄNI
2003.

MARIANIN ÄÄNI
Mikä kuukausi nyt on?

MIEHEN ÄÄNI
Elokuu.

Tauko.

MIEHEN ÄÄNI
Entä missä sinä asut?

MARIANIN ÄÄNI
Tampereella. Sijaitsee Suomessa.

MIEHEN ÄÄNI
Auts.

MARIANIN ÄÄNI
Miten niin auts?

MIEHEN ÄÄNI
He ovat vielä elossa, he kolme.
Mutteivät enää tulevaisuudessa.

MARIANIN ÄÄNI
Ketkä kolme?

MIEHEN ÄÄNI
Kirsti, Minna ja Liisa.

Yhtäkkiä kuva siirtyy keikkaan helsinkiläisessä kahvilassa.
nainen soittaa akustista kitaraa ja laulaa folk-henkistä kappaletta.
Mutta ääntä ei kuule, kohtaus on täysin mykkä.

Sitten kuvataan taas lentokonetta ilmassa.
Yhtäkkiä naisen folk-henkinen biisi alkaa
soida taustalla, ja sen ohella soi
mystistä, piinaavaa meditaatiomusiikkia.

Marian, komea terapeutti, kävelee
maanalaisen urheiluhallin käytävällä.
Hän avaa oven. Huoneessa on painoja ja
kuntoilulaitteita. Huoneessa on mies
jolla on iso reuhka ja farkkutakki.
Hän polttaa tupakkaa.

MARIAN
Mikäs tämä huone on?

MIES
Maanalainen huone.

MARIAN
Missä tämä sijaitsee?

MIES
Hollywoodissa.

MARIAN
Hollywoodissa.

MIES
Kyllä. Hollywoodissa.
Ja turvallisuudessasi.

MARIAN
Mitä se tarkoittaa?

MIES
Olen kaupungin alapuolella.

MARIAN
Mitä tuolla yläpuolella on?

MIES
Rakkautesi ja pelkosi.

Tauko. Ylhäältä kuuluu räjähdys.

MIES
Kuuletko äänen ylhäältä?

MARIAN
Kyllä.

MIES
Nyt sinun täytyy lähteä.

MARIAN
Kaupunkiin?

MIES
Kyllä.

MARIAN
Miksi?

MIES
Koska naiset odottavat sinua.
Sinulla on jotain asiaa heille.

MARIAN
Minulla on siis tehtävä,
joka liittyy naisiin.

MIES
Tässä unessa olet naisten
suosikki, kansikuvapoika.
He palvovat sinua.
Mutta tosielämässäsi olet
naisten kaihtama,
sellainen jonka kanssa kaikki
haluavat olla vain ystäviä.

MARIAN
Ai..en tiennyt.

MIES
Ota kaikki irti tästä unesta.
Sillä naiset eivät pidä
kaksineuvoisuudestasi,
he luulevat sinua homoksi.

MARIAN
Mitä minä olen tekemässä?
Mitä haluat minusta?

MIES
Sinä olet ratkaisemassa murhaa,
kolmen naisen murhaa.

MARIAN
Sellainen juttu annettu minulle?

MIES
Ei vain annettu vaan sinä otat sen.
Mene jo.

Marian alkaa kävellä ulos maanalaisesta
hallista kohti kaupunkia. Kävely kestää
minuutin ja ulkona kävellessään hän
hengittää talvista ilmaa runollisen
karismaattisena. Hänellä
on iso musta takki yllään. Hän on
tummahiuksinen ja ryhdikkään pitkä.

Marian katsoo etäisyyteen
hypnoottisesti ja alkaa
puuskuttamaan ilmaa.

Yhtäkkiä Chris Cornellin You Know My Name
alkaa soimaan. Laulu tunnetaan
myös Bond-elokuva Casino Royalen
(2006) tunnuslauluna.

Tämän jälkeen kuvataan
animoitua Marianin hahmoa
taistelemassa rikollisia miehiä
vastaan Casinon Royalen tunnus-
musiikkivideota muistuttavassa
pätkässä.

. Marianilla on vaaleanpunainen
kravattipuku päällään ja
tummaksi värjätyt hiukset.

Alkutekstit näkyy animaatiopätkässä.

Hän ampuu vaaleanpunaisia
ja violetteja kukkia ilmaan,
joista ilmestyy pinkkejä
siittiöitä, jotka etsivät
ruudulta munasolua,
johon upota.

Sitten hän keinuu alaspäin lihaksikkaiden
miesten ja pröystäilevästi pyntättyjen naisten
muotoon piirretyistä, värikkäistä
liaanipuista.

Sitten kaleidoskoopissa näkyy
muotoja. Näkyy myös
ison nauhan värikkäitä nurkkia joihin
zoomataan. Kristallimaapalloja.
Kuvan tarkentuessa
sukelletaan pienoismaailmoihin
maapallojen sisällä.

Sitten kuvataan karttaa maapallosta,
jossa näkyy Yhdysvallat ja
Suomi lihavoituna. Ja lentokone
lentämässä niiden välillä.

Turkin lipun punaisella
taustalla sirppikuu
räjähtää paloiksi.

Hän ampuu vaaleanpunaisen luodin
naisen sydämeen.

Animaatio päättyy Marianiin joka
kävelee kohti kameraa ja pysähtyy
kameran tuijottaessa hänen kasvojaan.
Hänellä on kravattipuku päällään ja
hän muistuttaa James Bondia.

Laulun loputtua palataan takaisin kuvaamaan
Mariania. Hän astuu ulos sisään baariin.

INT. BAARI. PÄIVÄ.

Marian tilaa oluen.
Santeri pyytää häntä
istumaan pöytänsä äärelle
viittoen kaukaa. Santeri on
lyhythiuksinen mies,
nuori mutta miehekäs.
Hän on laiha ja näyttää
kypsemmältä kuin minkä
ikäinen hän on.

SANTERI
Hei, Marian.
Olen odottanut sinua.

MARIAN
Kuka sinä olet?

SANTERI
Olen Santeri.
Olen ystäväsi,
reaalimaailmassa.
Nyt on kuitenkin
unesi jakso.

MARIAN
Mitä haluat kertoa minulle?

SANTERI
Ole tosi varovainen.
Tässä unessa kerron sinulle
miksi sinun kannattaa olla
tosi varovainen.

MARIAN
Varmasti muistan olla.
Olenhan terapeutti.
Mutta miksi kaikki
tämä salamyhkäisyys?
Haluan vastauksia.

SANTERI
Eivät unet anna aina vastauksia...
paitsi jos unennäkijänä kuljet
tarpeeksi syvälle. Tonkimaan
ihmisiltä vastauksia.

MARIAN
Että sellaista.

Marian lähtee alakerran vessaan,
jossa Adelen Skyfall soi.
Hän seisoo pisuaarin edessä.
Puolen minuutin päästä
Santeri saapuu sisään.

SANTERI
Hei, taas.

MARIAN
Hei.

SANTERI
Haluat kai tietää
Kirstin kohtalosta?

MARIAN
Kyllä. Tiedätkö missä hän on
nyt?

SANTERI
Tiedän. Hän on Helsingissä.
Tai tarkemmin sanottuna
Töölön vieroitushoito-
osastolla. Tämä on
unesi päivä numero 2.

MARIAN
Mikä tämän kaupungin nimi on?

SANTERI
Tämä on kaupunginosa,
Hollywood.

MARIAN
Hollywood?

SANTERI
Nyt on vuosi
2003. Kahdentoista

tunnin päästä heräät.

MARIAN
Mitä muuta kerrottavaa
sinulla on minulle?

SANTERI
Tulet tietämään monta asiaa
vasta myöhemmin. Mutta
vuonna 2016 sinun täytyy
lainata Sigmund Freudin
Unien tulkinta. Kun alat
lukemaan sitä, niin ota
lappu pois sen sivuilta.
Se on kirjamerkki.
Siitä huomaat sitten
tärkeän tiedon.

MARIAN
Tulenko muistamaan tämän unen?

SANTERI
Et kokonaan.
Mutta tulet muistamaan
sirpaleita tästä.

EXT. HOLLYWOODIN KADUT. ILTAPÄIVÄ.

On kostea syyspäivä.
Marian kävelee tapaamaan
potilastaan Stellaa puistoon. Stella
hymyilee tavatessaan hänet.
Stella on laiha, viattoman oloinen
ja hento. siro nuori nainen.

STELLA
Hei, Marian.

MARIAN
Hei, Stella.
Lähdetäänkö kävelemään?

STELLA
Kyllä.

He alkavat kävelemään.

STELLA
Miksi sinä halusit

tavata minut, Marian?

                    MARIAN
               Haluan selvittää
               mitä Kirstille kävi.

                    STELLA
               Entä ne muut naiset?
               Mitä haluat heistä selvittää?

                    MARIAN
               Saman asian.

                    STELLA
               Mutta eiväthän he ole
               vielä kuolleet!

          Tauko. Marian ei sano mitään,
          vaan jatkaa kävelemistä.

                    STELLA
               Etkä sinä ymmärrä, tämä on
               vain untasi.

          INT. JALKAPALLOSTADION. ILTAPÄIVÄ.

          Marian ja Stella kulkevat kädet
          takkiensa taskuissa.

                    MARIAN
               Oletko ottanut lääkkeesi?

                    STELLA
               Olen.

                    MARIAN
               Se on hyvä.

                    STELLA
               Muista lukea se kirja,
               eli Unien tulkinta.

                    MARIAN
               Joo täytyy muistaa.

                    STELLA
          Olen ihastunut sinuun, Marian.

                    MARIAN
               Niin minäkin sinuun.

STELLA
Haluatko lähteä
stadionin pukuhuoneeseen?
Minulla on avaimet sinne.

MARIAN
Olet hyvin haluttava
mutta minun täytyy vastata
kieltävästi.

STELLA
Olet hyvin viehättävä, Marian.
Ja tosi tahdikas. Mutta erittäin
arka naisten kanssa. Ja liian
kokematon naisten suhteen.

MARIAN
Ja se on kaikki omaa syytäni...

STELLA
Haluatko edes harkita olevasi
minun kanssani?

MARIAN
Vastaukseni on jyrkkä ei.

STELLA
Entä jos annan peppua?

MARIAN
Olen terapeuttisi.

STELLA
Okei, mutta se on aina
varattuna sinulle.

MARIAN
Mitä me teemme täällä
Los Angelesissa?

STELLA
Tämä on unesi kaupunki.
Lentokoneesihan
on matkalla sinne.

MARIAN
Mihin sinä haluat viedä minua?

STELLA
Panoluolaan.
Se sijaitsee Hollywoodin
laitamilla.

MARIAN
Panoluola?
Millainen?

STELLA
Kartano...Sinne
viedään ihmisiä naamiot
heidän kasvoillaan
ja menet sinne rekan lavalla.

MARIAN
Miksi rekan lavalla?

STELLA
Koska sinne tulee niin paljon
väkeä ja isot tahot kulkevat
nyt rekoilla.

Tauko. Marian ei sano
mitään.

STELLA
Mennäänkö asuntooni?

INT. STELLAN ASUNTO.

Asunto on boheemi, nuorekkaan
tyylikäs.

Pieniä ruskeita pikku-ukkoja alkaa
näkymään Stellan ja Marianin
edessä.

STELLA
Näetkö nuo pienet ruskeat
pikku-ukot?

MARIAN
Kyllä.

STELLA
Ne symboloivat henkiolentoja.
Niillä on oma elämänsä.
Aina kun ne näkyvät, niin

sinun täytyy jatkaa matkaa,
olla ikäänkuin valppaana.

Marian tuijottaa hahmoja.
Ne ovat erikoisella tavalla
esillä kuvassa. Niistä kuuluu
pientä ääntä joka muistuttaa
hengellistä mantraa.

STELLA
Olet kuin joka naisen unelmavävy.

Stella suutelee istuvaa
Mariania. Se kuvataan läheltä.

MARIAN
Ei. Ei, Stella, ei.

STELLA
Minä vain haluan tuottaa
sinulle mielihyvää.

MARIAN
Minun täytyy lähteä täältä.

STELLA
Ymmärrän. Vaikkein toisaalta
ymmärräkään. Sinua haluavat
kaikki naiset muttet tyydy yhteenkään.

MARIAN
Se on periaatteeni.

STELLA
Oletko neitsyt?

MARIAN
En nyt ihan.

Marian lähtee asunnosta.

MARIAN
Hyvästi, kaunis Stella.

INT. KUORMA-AUTO. MYÖHÄISILTA.

Marian on rekan pimeällä lavalla,
rekan ajaessa kohti kartanoa.
Etupenkillä on kaksi
Guy Fawkes-naamiota

pitelevää kravattipukuista
miestä. Marian laittaa
oman naamionsa kasvoilleen.

EXT. PIHA. MYÖHÄISILTA.

Marian nousee autosta pihaan.
Valtava, tummanruskea kartano
näkyy kuvassa jylhänä ja mahtavana.
Hän kävelee kohti kartanon
ovea, josta hän astuu sisään.

MIES
Tervetuloa, Marian.

MARIAN
Kiitos.

MIES
Tule minun mukaani.

MARIAN
Mihin me menemme?

MIES
Salaiseen huoneeseen.

INT. KARTANO.

Marian kävelee pitkin käytävää,
jossa on muitakin naamioihmisiä.

Kamera alkaa kuvaamaan
samalla muita kartanon osia,
joissa ihmiset juhlivat. Kuva
ajautuu kuvaamaan yksinäisessä
käytävässä kävelevää Mariania
kahden minuutin ajan.

Kartanossa on paljon
muita naamioihmisiä, joilla on
naamiot yllään.

Marian kävelee kravattipukuisen
miehen kanssa kohti salaista huonetta.

MARIAN
Salainen huone?

MIES
Tämä on salainen huone.

Marian saapuu huoneeseen.

INT. SALAINEN HUONE.

Dennis odottaa häntä.
Hän on nuoren professorin näköinen
humoristinen mies. Huoneen
seinillä on kuvia kuuluisista kirjailijoista,
kuten William Shakespearesta ja Fedor
Dostojevskista. Kirjahyllyissä on lukemattomia
kirjoja kuten myös työpöydällä.

DENNIS
Hei, Marian.

MARIAN
Hei, miksi kutsuit minut
tähän huoneeseen?

DENNIS
Saat tietoa keissistäsi...ne merkit,
jotka auttavat sinua eteenpäin,
ne merkit joita on siroteltu
pitkin Tamperetta. Tai siis ne
merkit jotka ovat siroteltuja
sekä nyt että myöhemmin,
2010-luvulla.

MARIAN
Näen täällä kirjoja paljon,
luetko paljon?

DENNIS
Rakastan Langston Hughesia eniten,
olen viime aikoina lukenut Shakespearea...
mutta myös Carveria, Frostia ja Rossettia.
Kerään runoutta...ja näytelmiä...rakastan
kirjojen läsnäoloa...tai oikeastaan
olen kerännyt myös Keatsia ja Yeatsia...
mutta myös nimiä joita en viitsi luetella...
koska niitä on niin paljon...Nerudaa...

MARIAN
Tällaisia intohimoja ei huomaakaan Suomessa...
suomalaiset ovat intohimoisia kaikesta
höttöisestä terveyspaskasta...yleensä...

suomalaiset ovat intohimoisia kaikesta
paitsi neroudesta...kaikesta paitsi
korkeakulttuurista...kaikki aika menee
työhön ja terveyden ylläpitämiseen...
tai oikeastaan tämä on se mikä
näkyy pinnalla vain...ja varmaan
tulevaisuudessakin...kaikkien
arkipaska...kaikkien arkinen paska...
tai siis kaikkien tylsä elämä...jossa
ei ole mitään mysteeriä...vitun
surkea köyhä vuosikymmen...
oletko lukenut paljonkin
Shakespearea?

DENNIS
Kyllä, luulisin että pystyisin
lukemaan Shakespearen näytelmiä
joka päivä. No, en joka päivä...mutta
melkein joka päivä. Tai oikeastaan
uskoisin että pystyisin lukemaan niitä
joka toinen päivä ja päivän aikana joka
toinen tunti, ja tunnissa kymmenen sivua
kerrallaan....

DENNIS
...melkein....tai oikeastaan viime
viikolla ei ollut aikaa, mutta saan
aikaa tällä viikolla...ettei ole liikaa
seksiä ja liikaa shoppailua...

DENNIS
...Mutta Shakespeare ei ole
ainoa kirjailija, jota olen viime
aikoina jaksanut lukea. Olen
lukenut myös Oscar Wilden
näytelmiä ja runoja ja esseitä....

DENNIS
...Tai oikeastaan...luulisin että
pystyisin lukemaan sen viikossa
mutta vain jos saan riittävästi aikaa
itselleni. Internet vie aikaa jonkin verran...

DENNIS
On vuosi 2003. Internet minulla tosiaan on jo.
Tämä on aikaa ennen Facebookia. Kaikki ihmiset
tulevat laittamaan typerän paskansa Facebookiin
ja ihmiset tulevat rakastaman sitä. Kollektiivinen
paskantaminen jolle sataa tykkäyksiä. Kuin siat jotka

syövät omaa paskaansa ja kutsuvat sitä vapaudeksi, vallan
ja ylpeyden takia. Monet julkisuuden henkilöt ovat vielä
kuolleita, monet muusikot, näyttelijät ja taiteilijat.

MARIAN
Onpa kiinnostavaa miettiä mitä
tulevaisuudessa tulee tapahtumaan.

Marian kävelee huoneessa ympäriinsä.

MARIAN
Näen seinälläsi sekä Yhdysvaltain
että Suomen ja Turkin kartan.

DENNIS
Kyllä.

MARIAN
Mikä on lempipaikkasi niistä?

DENNIS
Ah, rakastan Poria. Se on minulla top-kolmosessa
Suomen kaupungeista.

MARIAN
Pidän itsekin siitä kaupungista,
muistan kun vierailin siellä lapsena
vuonna 1997. Aah, miten idyllinen
paikka se olikaan. Kuin jokin viaton
vanhanaikainen pikkupaikka.

DENNIS
Pitävätkö suomalaiset paljon kartoista?

MARIAN
Suomen kartta ei ole ehkä kaikkein
kiinnostavin pinnallisissa piireissä.
Tai oikeastaan...en mä tiedä mitä mä
selitän tässä, en tiedä olenko lopulta
oikeassa. Oikeastaan se on vähän
niin että ihmiset pitävät kai Yhdysvaltain
kartoista enemmän, tai maailman kartasta.
Tai siis, ainakin Suomessa.

DENNIS
Ainakin Suomessa..tai siis eivät nämä
kartat ole Yhdysvalloissa kovin suosittuja.

Dennis vakavoituu.

DENNIS
Tiedätkö mitä neuroosi 11 tarkoittaa?

MARIAN
En. En ole kuullut siitä.

DENNIS
Et tulekaan kuulemaan pitkään aikaan
siitä mitään. Mutta se on psykologian
piirissä yksi salainen termi, jota käytetään
tietyistä potilaista...oikeastaan se tarkoittaa
myös aika montaa asiaa...tai siis se tarkoittaa
kaikkea samaan aikaan...aika montaa asiaa...
tai siis se on piilotettu...se sen merkitys...
osittain...mutta tulet huomaamaan sen...
todella monella tavalla...ja ne merkit...
tulet huomaamaan niitä monesta eri tahosta...
mutta tulet unohtamaan tämän unen...
merkit joita minun ei tarvitse selitellä
enempää...

MARIAN
Kiitos seurastasi. Olit kiinnostava
keskustelukumppani...tai siis...

Marian lähtee huoneesta.

Hän kävelee käytävällä.

Marian saapuu toimistohuoneeseen,
johon kaksi miestä viittovat häntä.

INT. KARTANON TOIMISTO.

Toimistossa istuu kravattipukuinen
nainen hattu päällään polttamassa
sikaria jalat pöydän päällä. Hän on
tummahiukinen ja hänellä on käheä,
seksikäs ääni. Hän on myös erittäin
viehättävä, raamikkaalla tavalla.

MARIAN
Kuka sinä olet?

Nainen tuijottaa häntä.

INT. LENTOKONEEN VESSA. PÄIVÄ. 2003.

Marian nukkuu lentokoneen vessassa.

INT. KARTANON TOIMISTO. MYÖHÄISILTA.

MARIAN
Niin kuka sinä olet?

NAINEN
Olen henkimaailman viestintuojasi.
Olen määrännyt sinut tähän tehtävään
joka on riskialtis.

MARIAN
Mikä se tehtävä on?

Nainen nousee seisomaan ja kävelee
Marianin luokse. Hän osoittaa Mariania
aseella hänen jalkoväliinsä.

NAINEN
En taida tätä tehdä vielä.
Sinähän olet luotettava mies.
Terapeutti, joka kaveeraa
naispotilaiden kanssa.

Marian sanoo jotakin
muttei ehdi sillä nainen
pysäyttää hänen puheensa.

NAINEN
Muttet harrasta seksiä heidän kanssaan.
Vaikka he haluaisivat.

Nainen suutelee Mariania
ja sitten kuiskaa hänelle.

NAINEN
(kuiskaa)
Annala...Marian Annala.
Tehtäväsi on löytää naismurhaaja.
Ja sitten kun olet löytänyt naismurhaajan,
sinun pitää tappaa hänet.

MARIAN
(ajattelee)
Mitä saan palkinnoksi?

NAINEN
Minun vartaloni.

MARIAN
Mutta sinä olet uneni nainen?

NAINEN
Niin, niin olenkin. Mutta
elän myös tosielämässä.
Tampereella.

MARIAN
Kerro niistä naisista.

NAINEN
Olet unohtanut naisten nimet?

MARIAN
Kyllä, kyllä olen.

NAINEN
Traagista tässä on se että naiset ovat
korkeakulttuurin ystäviä. Tulet huomaamaan
senkin. Naiset rakastivat runoutta, maalaustaidetta,
arkkitehtuuria. Mutta joutuivat elämän alhaisempien
voimien tuhoamaksi. Voimien jotka eivät kyseenalaista
alhaisuuttaan ja pahuuttaan, sillä se on niin syväänjuurtunut
heihin.

MARIAN
(laittaa käden poskelleen)
Voi ei. Tiedän elämän alhaisista
puolista paljon, ne eivät ole kivoja.

NAINEN
Minulla on näytettävää sinulle.
Katsotaanko filmipätkä?

MARIAN
Okei.

Nainen laittaa mustan
suhteellisen pienen television
filmipätkän pyörimään.

Siinä nainen laulaa kitara
kädessään espanjalaista laulua.

Sitten televisiossa näkyy Marian istumassa
lentokoneen vessassa näkemässä
unta.

Marian tuijottaa filmipätkää
hypnoottisesti.

Sitten näkyy kuvitteellinen
Frendit-jakso vuodelta 1994.
Marian puhuu siinä englanniksi
kuten muutkin hahmot.

Marian on New Yorkin
asunnossa puhumassa
naiselle, jolla on mustat hiukset.
Nainen on kutsumanimeltään
Monica, mutta hänen
oikea nimensä on
Mari.

MARIAN
Hei, Monica.

MONICA
Hei, Marian.

MARIAN
Mitä kuuluu?

MONICA
Katselin juuri valokuvia
poikaystävästäni.

MARIAN
Entä mitä niistä?

MONICA
Tuli vaan muistoja mieleen.

MARIAN
Ai minullakin herää
muistoja valokuvista,
minulla on valokuvamuisti.

Yleisö nauraa.

MONICA
Muistan kun hän kutsui
minua hänen omaksi
joutsenekseen.

MARIAN
Joutseneksi?

MONICA
Olen hänen oma joutsenensa.

MARIAN
No, se on hyvä juttu se...

Marian kävelee lähemmäs Monicaa.

MONICA
Niin, miksi muuten saavuit noin aikaisin?
Eikö sinulla ole töitä?

MARIAN
Olen todellakin halunnut Katia
koko viikon ajan mutten ole
ehtinyt vielä sanoa hänelle
siitä mitään.

MONICA
No sano hänelle sitten.
Sano että hän on kuin joutsen.

Yleisö nauraa.

MARIAN
Joutsen?

Marian katsoo taas hypnoottisesti
filmipätkää.

Sitten televisiossa
alkaa pyörimään
Frendien alkutunnari.

MARIAN
Mikä tämä paikka on?

NAINEN
Illuminatin jäsenten
oma kartano.

MARIAN
Entä mikä tuo televisio-ohjelma
on?

NAINEN
Ei sillä ole väliä. Väliä on sillä
että sinä olet ollut rakastunut
elämäsi aikana kuolleeseen naiseen
ja kaksi elämäsi suurinta rakkautta
olivat nuoruudessaan samanlaisia
kuin hän oli eläessään. Sinä olet

elänyt hänen kauttaa elämääsi,
tuntenut samankaltaisuutta,
niin vastustamattoman palavaa
että kahdella rakkaudellasi
ei ole ollut mitään mahdollisuutta
vastustaa sinua. Olet harvinaislaatuinen
lapsi. Sinulla on kyky aistia toisista
ihmisistä heidän syvimmät pelkonsa,
et siedä auktoriteetteja, et siedä
epärehellisyyttä ihmisissä. Siksi
olet terapeuttina niin lämmin ja
maltillinen, niin avoin ja suvaitsevainen.
Tuo nainen on Kirsti.
Hän on suurin sielunkumppanisi.
Sinun tehtäväsi on löytää Kirstin
ja kahden muun naisen murhaaja
sekä selvittää henkinen polkusi,
liittyen Kirstiin joka on
sielunkumppanisi.

MARIAN
Kuka sielunkumppanini on
tulevaisuudessa, sillä Kirsti
kuolee?

NAINEN
Minä.

MARIAN
Sinä?

Sitten televisiossa näkyy Frendit-jakson
New York, jossa on iso rakennus ja
katu.

INT. LENTOKONEEN VESSA. PÄIVÄ. 2003

Marian herää unestaan.

EXT. MARIANIN TALO. PISPALA. 2003.

Korkealla Pispalan rinteellä
sijaitsee Marianin ökyasunto.

INT. OLOHUONE. ILTA. 2003.

Marian katsoo televisiosta
koostetta Suomen jääkiekko-ottelusta
Ruotsia vastaan vuoden 2003

jääkiekon maailmanmestaruuskisoista.
Ruudulla näkyy teksti:

Suomen ja
Ruotsin puolivälieräottelu,
jääkiekon maailmanmestaruuskisat
vuodelta 2003.

MARIANIN ÄÄNI
(vuodelta 2016)
Muistan tämän hyvin.
Olinhan katsomossa.
Nyt on kuitenkin
vuosi 2016.

INT. HARTWALL-AREENA. ILTA. 2003

Marian istuu yksinäisenä katsomossa,
korkealla aitiopaikalla katsomassa
ottelua. Sitten hän katsoo maahan.

Teemu Selänne tekee 2-1-maalin,
Teemun tuuletus näkyy myös kuvassa.

Samalla kuvataan Mariania
uppoutumassa kännykkäänsä
aitiopaikalla. Hän katsoo sitä.

Samalla alkaa puhelinkeskustelu
hitaan, hiljaisen pianomusiikin
tahtiin.

MARIANIN ÄÄNI
Mitä sinulla on kerrottavana minulle?

MIEHEN ÄÄNI
Tämä on tärkeää, kuuntele. Marian, tuota,
tulet huomaamaan monia asioita.
Mutta miten sinä huomaat ne,
se on se toinen asia. Sinä löydät
sen vastauksen pian. Varo onnettomuuksia.
Et vielä tiedä mitään koettelemuksistasi,
mutta tunnistat epäoikeudenmukaisuuden.

Samaan aikaan kuvataan
Mariania katsomassa
Minna Hallan Facebook-
profiilia.

Minnalla on paljon valokuvia

profiilinsa arkistossa.

Hän poseeraa niissä
hymyilevänä ja karismaattisena.

MIEHEN ÄÄNI
Sanon sinulle vielä tämän
yhden kerran, älä ala etsimään
sitä naisten murhaajaa, älä ala.
Pidä kiinni elämästäsi, pidä
kiinni vapaudestasi. Nämä
tyypit tulevat tuhoamaan sinut.

MARIANIN ÄÄNI
Mistä tiedät että näin on?

MIEHEN ÄÄNI
Koska olen tutkinut järjestäytynyttä
rikollisuutta Suomessa, se on
kasvamassa ja nämä tyypit ovat
siinä korkeassa asemassa.

MARIANIN ÄÄNI
Kerro lisää.

MIEHEN ÄÄNI
He ovat käyneet ulkomailla.
He matkustavat paljon.
He ovat huomaamattomia,
salakavalan ovelia nämä tyypit.

MARIANIN ÄÄNI
Ei se minua pelota.

EXT. TAMPERE. PÄIVÄ. 2016.

Kamera kuvaa Tamperetta lintuperspektiivistä.
Valkokankaalla näkyy teksti:

Tampere, 2016.

INT. HERVANNAN ASUNTO. MYÖHÄISILTA. 2016.

Marian Annala keskustelee
maskuliinisen ja isokokoisen
karhumaisen Jaakon kanssa
Jaakon asunnon parvekkeella
neljännessä kerroksessa.
He ovat juuri tulleet ulos
saunasta ja tupakoivat.

MARIAN
Mites sulla on mennyt viime
aikoina?

JAAKKO
Nyt alkaa elämästä nauttiminen.
Nyt alkaa myös loma, voin
tehdä ihan mitä vain huvittaa.

MARIAN
Ja nyt on minulla sellainen
hetki elämässäni jolloin
haluan tietää tämän keissin
totuuden. Minähän kerroin
sinulle siitä unesta. Olen
kertonut jo monta kertaa.

JAAKKO
Tiedän. Puhutaanko nyt
silti jostain muusta?

MARIAN
Kuten mistä?

JAAKKO
No vaikka politiikasta.
Tai seksuaalisuudesta.
Kuten siitä miksi olet tuollainen
epämääräinen hinttari.

MARIAN
Aah, vanha kunnon Jaakko.
No siksi koska sellaiseksi
olen syntynyt. Kritisoin
myös heterokulttuuria,
koska olen epämääräinen.
Kannatin Haavistoa presidentiksi.
Ketä sinä äänestit viime
eduskuntavaaleissa?

JAAKKO
Kai sinä sen tiedät, muutenkin.
Äänestin perussuomalaisia.

MARIAN
Ja silti olet sivistynyt, luet
enemmän kuin minä ja minähän
luen myös paljon. Vapaa-aikana
nimittäin luen klassikkoja, en

psykologiaa. Työssäni kohtaan
psykologiaa jo liaaksikin.

JAAKKO
Eikö perussuomalainen voi olla
sivistynyt?

MARIAN
Voi olla...mutta se on harvinaista,
harvinaisempaa...mutta en
minä näistä tiedä...perusuomalainen
voi joskus yllättää...kuten muutkin.
Pidän kuitenkin monia heistä
täysinä mulkkuina.

JAAKKO
Myös hipit voivat olla mulkkuja...
kaikki voivat olla.

MARIAN
Nyt minä muistan unesta jotain...ei...
muistan paljon enemmänkin...

Marian menee internetin ääreen
ja näyttää Jaakolle kuvaa kahdesta
naisesta.

MARIAN
Tässä on Minna Hallan kuva
ja tässä Kirsti Kristiina Pelkosen.
Kirstin lempinimi oli Janis.
Minna Halla taas kuoli vuonna
2014. En nyt tiedä kuka se
kolmas nainen voisi olla.

JAAKKO
Hän saattaa olla vielä elossa.

EXT. TAMPEREEN KESKUSTA. 2016.

Marian huomaa Liisa
Rouvalin kävelemässä Tampereen Keskustan
kaduilla. Liisa huomaa hänet ja alkaa
kävellä samaan suuntaan ja lopulta he
kävelevät yhdessä.

MARIAN
Mitä kuuluu?

LIISA
Hyvää.

MARIAN
Oletko käynyt tapahtumissa
viime aikoina?

LIISA
Olen käynyt muutamissa.
Mutta olen ollut enemmänkin
Helsingissä ja Turussa.

MARIAN
Onko lääkityksesi hyvä?

LIISA
Onhan se.

MARIAN
Hyvä, pidän siitä että
sinulla menee hyvin
koska olet niin hyvä tyyppi.

LIISA
Kiitos.

MARIAN
Olet niin tunnistettava hahmo
täällä Tampereella. Sinä näytät
tuntevan kaikki täällä.

LIISA
Minulla on noin tuhat ystävää.

MARIAN
Juuri niin...minulla taitaa olla
jotain viisi...ja olenhan sentään
terapeutti, ja olin ennen sinun terapeuttisi.

LIISA
Joskus ennen liftasin ympäri Suomea...
ja olen mennyt hippimiesten mukana
eri bileisiin, kulkenut katuja baareihin...
eksynyt Turussa...kulkenut kun on
johdateltu...

MARIAN
Se on kiehtovaa, se vapauden tunne.

LIISA
Olen kävellyt pitkiä kujia pitkin,
useimmiten jonkun kaverin kaa...
kulkenut yökerhoon...bilettänyt
yössä...pitkään ja hartaasti...
sitten mennyt bussilla jonkun
toisen asuntoon...nukkumaan...

MARIAN
Sinulla on todella kaunis elämä.

EXT. TAMPERE. AAMU. 2016.

Tampere näkyy lintuperspektiivistä.

INT. ANTIKVARIAATTI. AAMU. 2016.

Marian kävelee sisään antikvariaattiin,
jossa häntä odottaa kaksi naista.

Naiset ovat keski-ikäisiä ja laihoja.

MARIAN
Hei, minun täytyy tietää
enemmän Minna Hallasta.
Te näitte hänet viimeksi.
Mitä hän sanoi heille?

NAINEN 1
Hän kertoi minulle omasta
albumistaan, albumista
jonka oli julkaissut.

MARIAN
Mitä muuta?

NAINEN 2
Hän kysyi mitä meille
kuului, mitä olimme tehneet meidän
viime viikkoina. Sitten hän sanoi meille
lähtevänsä Uspenskiin.

MARIAN
Uspenskiin? Mitä hän tarkoitti
sillä.

NAINEN 2
Mene ja tiedä.

MARIAN
Kysyisin sitten onko teillä
vanhoja Rumba-lehtiä?

MARIAN
Onko teillä lehtiä vuodelta
2003?

NAINEN 2
Onhan meillä, 2000-luvulta
aikamoinen kavalkadi.

NAINEN 1
Alakerrassa.

Marian menee antikvariaatin alakertaan,
siellä hän huomaa syyskuun painoksen
vuodelta 2003, Kirsti Kristiina Pelkosesta.
Kirstillä on siinä tummat hiukset ja humoristinen
ilme. Marian ostaa kyseisen lehden.

INT. STOCKMANNIN RAVINTOLA. AAMUPÄIVÄ. 2016.

Kolmannen kerroksen ravintolassa Marian
katsoo alas kadulle, jossa kävelee ihmisiä.
Sitten hänen kasvojaan kuvataan. Sitten
hän katsoo taas ihmisiä. Kamera zoomaa
muutamaan heistä lintuperspektiivistä
ja heidän kasvonsa näkyvät selkeinä
ja isoina, heidän aikaisemmin ollessaan
muurahaisen kokoisia.

Sitten Marian alkaa näkemään kahvissaan outoja
ruskeita pikku-ukkoja jotka tanssivat valkoisella
taustalla.

Yhtäkkiä hänen ystävänsä Santeri ilmestyy
ravintolaan. Sama Santeri joka esiintyi
hänen unessaan.

SANTERI
Hei, Marian,
kuulitko jo uutisen?

MARIAN
Minkä?

SANTERI
Liisa kuoli.

MARIAN
Voi ei. Miten?

SANTERI
Kuulemma sydänkohtaus.

MARIAN
Voi helvetti. Sanoiko
hän mitään viimeisiksi
sanoikseen?

SANTERI
Hän sanoi haluavansa
tupakkaa. Ja aikovansa
menevän Uspenskiin.

MARIAN
Uspenskiin? Voi...tässä
on nyt meneillään jokin juttu.

SANTERI
Mikä juttu?

MARIAN
Minun täytyy mennä kirjastoon.
Lainaamaan vähän kirjoja.

INT. MAKUUHUONE. PISPALA. 2014.

Marian nukkuu sängyssään ja
muistelee Liisaa, bileitä hänen
kanssaan. Liisa ei näy kuvassa
kasvoineen, vaan vain hänen
selkänsä näkyy.

CUT TO:

Bileisiin jossa Marian ja Liisa ovat
lattian patjalla yhtä aikaa, yksin
illassa. He ovat molemmat lähellä
huoneen pimeää nurkkaa, tuijottaen
nurkkiin.

LIISAN ÄÄNI
Mitä sinä ajattelet, Marian?

MARIANIN ÄÄNI
Sitä että miksi minä olen täällä.

LIISAN ÄÄNI

Miten niin?

MARIANIN ÄÄNI
Olit potilaani, Liisa.
Ja me hengailemme yhdessä, myös.

LIISAN ÄÄNI
Aika erikoista, eikö?

MARIANIN ÄÄNI
Niin, todella poikkeavaa.
Tiedätkö että mihin tämä
ei saa päättyä. Et saa ruveta
lähentelemään minua, enkä
minä sinua.

LIISAN ÄÄNI
Ei siinä niin tule käymään.

MARIANIN ÄÄNI
No okei sitten.

LIISAN ÄÄNI
(rauhallisesti)
Tiedätkö millaista on elää
boheemia, rikasta nuoruutta?
Kaikki tuntuvat etsivän sitä
jostakin mutta harva kokee
löytävän sen omasta itsestään.

MARIANIN ÄÄNI
Oletko löytänyt sen jo?

LIISAN ÄÄNI
Rakastan nuoruuttani, sitä että
saan mennä mihin vaan ja milloin vaan.

MARIANIN ÄÄNI
Mutta jotain puuttuu?

LIISAN ÄÄNI
Jotain aina puuttuu.

MARIANIN ÄÄNI
Nyt menen nukkumaan.
Kiitos kun saan olla kanssasi.
Olet hyvin psykedeelinen nainen.

LIISAN ÄÄNI
Rakastan tätä kappaletta.

MARIANIN ÄÄNI
Niin minäkin.

EXT. TAMPERE. AAMUPÄIVÄ. 2016.

INT. METSON KIRJASTO. AAMUPÄIVÄ. 2016.

Marian kävelee kirjastossa psykologian
osastolle. Hän ottaa kirjahyllystä
Sigmund Freudin Unien tulkinnan.

INT. LINJA-AUTO. AAMUPÄIVÄ.

Marian selailee Unien tulkintaa ikkunapaikalla.
Yhtäkkiä hän huomaa lapun sivujen välillä.

Lapussa lukee:

Neuroosi 11. Muista uni 2003.
"Joku kuolee pian." Lähde tutkimaan.

INT. MARIANIN ASUNNON HUONE. 2016.

Marian katsoo Liisa Rouvalin
Facebook-profiilia. Siinä hän
on ylipainoinen mutta kaunis.
Hänelle on kirjoitettu muistoja.
Marian alkaa katsomaan kuvia
Liisan nuoruudesta jolloin hän
oli laiha. Ne ovat kuvia
vuodelta 2003. Hän näkyy
kuvissa kahdeksan muun
murrosikäisen naisen kaa.
Hän on naisellisen näköinen
ja hymyilee.

MARIANIN ÄÄNI
Liisa, olit näissä kahdeksan
muun ystävän kanssa. He
olivat kaikki naisia.

Marian selaa taas Liisan profiilia.

MARIAN
Liisa, kaipaan sinua paljon.
Ei helvetti kun kaipaankin.

CUT TO:

EXT. PITKÄNIEMEN SULJETUN OSASTON PIHA. ILTA. 2015.

Liisa Rouvali kävelee Mariania kohti,
Marian joka istuu riippuvassa keinutuolissa.
Liisa kävelee istumaan hänen vastapäähän.
On pimeää ja varjot ovat aavemaisen
kauniita.

Sama pianomusiikki joka soi puhelinkeskustelun
aikana soi nytkin.

LIISA
(pirteänä)
Hei, mitä mies?

MARIAN
Ei tässä mitään ihmeellisempää.

LIISA
Mä vihaan tuota osastoa.

MARIAN
Niin mäkin. Vastustan
nimittäin laitoksia.
En pidä edes avohoidosta,
jos se kestää liian kauan.

LIISA
Olen samaa mieltä.

Tauko.

MARIAN
Mitä sinulle kuuluu?

Liisa näyttää paperilappua Marianille
hymyillen karismaattisesti, kuin
villi nuori nainen.

LIISA
Tällä lapulla pääsen pois täältä.

MARIAN
Hienoa!

LIISA
Niin...tästä tulee hieno aikakausi.

Marian katsoo ympärilleen.

MARIAN
Pidän tästä illasta,
tästä maisemasta.

LIISA
Älä pidä liikaa.

MARIAN
Miksi?

LIISA
Se ei ole tyylikästä.

EXT. HERVANNAN TALO. AAMU.

INT. HERVANNAN ASUNTO. AAMU

Marian herää ystävänsä
asunnon makuuhuoneesta.

Hän lukee musiikkilehden vanhaa
numeroa, jossa on Kirsti Kristiina
Pelkosen haastattelu ja kaksi kuvaa
mystisestä Kirstistä.

MARIANIN ÄÄNI
Nyt on aika lähteä kaupungille
seikkailemaan.

Marian pesee hampaitaan kylpyhuoneessa
ja tekee muita askareita.

EXT. KESKUSTORI. AAMUPÄIVÄ.

Marian jää pois bussista.
Hän kulkee kohti Koskikeskusta.

Hän kävelee Koskikeskuksen läpi
päätyen Cine Atlaksen eteen.

Sitten vanha mies tulee pyytämään
häneltä tupakkaa.

VANHA MIES
Hei, onko sinulla? Tiedät kyllä mitä.

MARIAN
Joo.

VANHA MIES
Sama tauti, siis?

MARIAN
Sama tauti.

Siitä Marian alkaa kävellä kohti Kehräsaarta.

Kehräsaaressa hän menee baariin
nimeltä San Miguel, joka on
elokuvateatteri Niagaraa
vastapäätä.

Miguelissa hän soittaa Alille.

Samaan aikaan Tamperen Keskustaa
kuvataan lintuperspektiivistä
monelta puolelta.

Puhelinkeskustelua:

MARIANIN ÄÄNI
Koen psykedeelisiä aistimuksia
joka puolella Tamperetta, keskellä
sopivan lämmintä talvea. Psykedeeliset
tunteet, näen kaupungin unen rakennelmana,
aistiharhana. Jossa menneisyys ja nykyisyys
soluttautuvat yhteen runollisesti.

Marian kävelee Hervannan valtaväylän
sillan ylitse. Hän puuskuttaa ja näyttää
feminiinisen miehekkäältä.

ALIN ÄÄNI (O.S)
Tiedätkö että Kirsti kävi myös
Tampereella, useaan otteeseen
silloin vuonna 2003?

MARIAN ÄÄNI
En tiennyt.

Marian kävelee Hakametsän jäähallin pihalle
aamupäivällä. Jäähalli näkyy kauempaa.

Hän huomaa tuntemattoman miehen
kävelevän pihalla 500 metrin päässä.

ALIN ÄÄNI (O.S.)
Tulet tapaamaan miehen.
Hän käy siellä Hakametsässä.

Marian näkee naisen.

MARIANIN ÄÄNI
Näen nyt naisenkin.

ALIN ÄÄNI (O.S.)
Jahtaa!

Marian alkaa juoksemaan naista kohti
ja nainen pakenee seinän kulman taa.

Marian huomaa hänet ja nainen osoittaa
häntä aseella.

Marian lyö häntä ja nainen pudottaa
aseensa. Sitten Marian osoittaa naista
aseella.

MARIAN
Kuka sinä olet?

MARI
Mari..:Mari Mengele.

MARIAN
Kenelle työskentelet?

MARI
Et halua tietää. Se mies
on liian julma sinulle.

MARIAN
Miten julma hän on?

MARI
Niin julma että
paskot housuihisi.

MARIAN
Soitan taksin. Tule sinne
minun kanssani.

MARI
Ja mitä sitten?

MARIAN
Osoitat minulle paikan
jossa hän vierailee.

MARI
Mistä tiedät että hänellä
on sellainen?

MARIAN
Luin sen kirjasta.
Muttet voi tietää mistä.

INT. TAKSI. KESKIPÄIVÄ.

Taksin takana on sumuisia kuvia.

He saapuvat Tesomaan, josta
he astelevat kohti suurta teollisuushallia.

Naiset näkyvät valkokankaalla
sadoittain. Hallissa kuvataan elokuvaa.

Marian haluaa nähdä naisen joka
on lavan päällä pian laulamassa.

Katseet kääntyvät, ihmiset ovat
toisten ihmisten edessä.

Valtavan kaunis nainen laulaa
laulua halliin pystytetylle lavalle.

Marian lähestyy lavaa.

Yhtäkkiä Marian tainnutetaan.

Marian herää roskalavalta mutta huomaa
maanpinnalla paperilapun jossa
lukee: ”Marian, soita tähän numeroon.”

INT. HERVANNAN MALABADI. ILTA.

Marian istuu Malabadissa iltaa.
Hän on yksin nurkkapöydän
ikkunapaikalla.

Hän lukee rock-lehteä
jossa on Kirstin haastattelu.
Kirsti on siinä karismaattisen
ja ylvään näköinen.

Sitten hän alkaa
lukemaan ruokalistaa.
Se on tyylitelty kauniiksi.

Sitten hän lukee juomalistaa.
Sen viimeisellä sivulla
näkyy mustekynällä kirjoitettu
tekstiä.

"Hei, sinä joka luet tätä.
Oli aikamoinen uni, silloin
2003. No nyt on 2016.
Minun täytyy kertoa sinulle
että kaikilla kolmella naisella
oli Turkki-yhteyksiä kuten
olet arvannutkin.
Minulla on puhelinnumero
eräälle turkkilaisperäiselle
miehelle, hän on hyvä tyyppi.
Sinun täytyy tavata hänet."

Sitten Marian ottaa kynän
takin taskustaan ja kirjoittaa
nimen servettiin.

Kamera alkaa kuvata Marianin
kasvoja, hän tuijottaa kameraa
päin.

MARIAN
(ajattelee)
Minna. Minna Halla. Millainen hän oli?

Marian sulkee silmänsä.

MARIANIN ÄÄNI
Yritän muistella häntä.
Kuka hän niistä oli?

CUT TO:

INT. KEHRÄSAAREN BAARI. 2014. ILTA

Minna istuu baarin pöydässä.
Hän on apeanoloinen ja viisaan
näköinen. Marian saapuu paikalle
pitkässä mustassa takissaan.
Minnan ääni on haavoittuvan
viaton ja outo.

MINNA
Hei Marian.

MARIAN
Hei.

MINNA
Miten menee?

MARIAN
Juuri kävin kirjastossa.
Metsossa.

MINNA
Ai, itse ostan kirjani mielummin.
Joko ulkomailta tai
internetistä.

MARIAN
Ketkä ovat suosikkikirjailijoitasi?

MINNA
Mä rakastan Wildea ja Ahmatovaa
ja Mihail Bulgakovin Saatana saapuu
Moskovaan on lempikirjoistani.

MARIAN
Aah, pidätkö Bukowskista?

MINNA
En ole tutustunut viime aikoina.
Mutta Liisa pitää hänestä.

MARIAN
Ai, en tiennytkään.

MINNA
Liisa pitää muistakin,
vähän syvällisemmästä.
Kuten Anne Sextonista.

MARIAN
Ai, Sexton. Hän oli uskomaton
persoona.

MINNA
Niin olikin. Niin olikin.

Janika istuutuu Minnan viereen.

JANIKA
Hei, Minnani.

MINNA
Hei, rakas.

JANIKA
Mistä te olette puhuneet?

MINNA
Kaikesta ja ei mistään
muutaman sekunnin sisällä.

INT. TOIMISTO. YÖ.

Marian tuijottaa Janikaa joka istuu häntä
vastapäätä sinisen valon varjostaman pöydän
äärellä. Janika on luonteikkaan kaunis, hän näyttää
kurvikkaalta ja määrätietoiselta. Hänellä on
tummat hiukset ja seksikkään käheä ääni.

JANIKA
Eniten kaipaan hänessä tupakansavua
ja huumorintajua.

MARIAN
Millainen hän oli?

JANIKA
Hän oli aina niin etäinen ja ujo
mutta pärjäsi silti niin hienosti
kaikkialla ja matkusteli. Matkusti
itse Turkkiin ja latinalaiseen
Amerikkaan muun muassa.
Hän oli oma rakkaani, rakas
Minnani.

MARIAN
Miten sinulla menee nyt?

JANIKA
Hyvin...hyvin...olen vain alkanut
hyväksymään elämän kauheuden...
elämän kivuliaat puolet...

MARIAN
Ymmärrän.

EXT. HAAPALINNAN HOTELLI. PÄIVÄ.

INT. HAAPALINNAN HOTELLI. PÄIVÄ.

Marian saapuu Haapalinnan hotelliin.

VASTAANOTTOVIRKAILIJA
Hyvää päivää, herra Annala.

MARIAN
Hyvää päivää.

VASTAANOTTOVIRKAILIJA
Miten kauan aiot viipyä täällä?

MARIAN
Noin kaksi viikkoa.

VASTAANOTTOVIRKAILIJA
No parempi meille, olemme nimittäin
konkurssin partaalla.

MARIAN
Aah.

Marian ottaa lompakon taskustaan.

VASTAANOTTOVIRKAILIJA
Mukava kun tulit.

EXT. TIET. MYÖHÄISILTA.

Marian ajaa autollaan Tesomalta Ylöjärvelle.
Auto vilkkuu mutta ympärillä on maagisen
pimeää.

INT. AUTO. MYÖHÄISILTA.

Marian ajaa. Auton takaikkunan ulkopuolelta
näkyy romanttista, noir-maisen salaperäistä
hämäryyttä. Ilta on synkkä ja musta. Marian
katsoo vasemmalle, siellä on pilkkopimeää
metsää, sitten hän katsoo oikealle, jossa on
myös pilkkopimeää metsää.

EXT. YLÖJÄRVI. MYÖHÄISILTA.

Isoa omistusasuntoa näytetään
ulkoapäin, se on ylellisen
turvallinen.

INT. YLÖJÄRVEN ASUNTO. MYÖHÄISILTA.

Marian ja Ali seisovat katsoen
toisiaan. Ali on kärsivällisen
näköinen ja hänellä on viisaat
silmät.

MARIAN
Hei...tuota miksi sinä kutsuit
minut tänne?

ALI
Haluan sinun saavan murhaajat
kiinni. Mutta...haluan sanoa
sinulle myös sitä että sinun
kannattaa olla varovaisempi.

MARIAN
Teen mitä teen ja menen minne
menen. Mitä tarkoitat varovaisuudella?

ALI
Olet turvassa täällä Ylöjärvessä.
Mutta varo Tesoman jengejä. Ja tiettyjä
Keskustan alueita. Vältä kävelyjä iltaisin
ja öisin.

MARIAN
Mitä tarkoittaa neuroosi 11?

ALI
Aah, neuroosi 11.
Kuulin siitä psykiatrisella
osastolla. Se tarkoittaa
potilaan herkkyyttä
rakastua miehiin,
etenkin auktoriteetin
asemassa oleviin miehiin.

MARIAN
Kaikilla kolmella naisella
oli siis kyseinen taipumus?

ALI
Kyllä. Muuraman sairaalassa
se tuli ilmi. Ja he jatkoivat
käyttäytymistään sairaalan
ulkopuolella. He rakastuivat
todella usein eri miehiin.

MARIAN
Montako rakastajaa
heillä sitten oli?

ALI
Arvioisin että jokaisella
oli elämänsä aikana noin 100.

MARIAN
Vau. Aika paljon.
Mistä olet kuullut
tuon?

ALI
Mielisairaalassa kuulee
kaikenlaisia juttuja.
Olin sellaisessa viime
syksyllä. Siellä kuulee
myös henkimaailman
juttuja.

MARIAN
Mitä henkimaailmasta?

Ali sivelee kasvojaan
stressaantuneena.

ALI
No, sanotaanko
vaikka niin että
kaikki puhuvat siellä
kuolemanjälkeisestä
elämästä.

MARIAN
Miksi?

ALI
Koska mielisairaalassa
tapahtuu henkisiä asioita.

MARIAN
Jatka vaan.

ALI
Niin...tarkoitan sitä että
nämä ihmissuhteet joita
olet seurannut ja joihin
olet sekaantunut, ovat
osa jotakin suurempaa.

MARIAN
Kuten mitä?

ALI
Kerrotaan että täällä
Pirkanmaallakin kummittelee
metsissä. Lentävänniemessä
ja Nokialla. Ylöjärvellä..
Tesomalla...

MARIAN
Mistä tiedät tuon?

ALI
Koska monet jakavat
minulle kokemuksistaan.
Tiedän kaiken Pirkanmaan
huhupuheista.

Ali ottaa teepussin kaapistaan.

ALI
Uskotko sinä henkimaailman
asioihin?

MARIAN
Minun on pakko uskoa.
Olen nähnyt niin paljon
pyhää, omilla silmilläni.

ALI
Niin, monethan täällä
spekuloivat, täällä Pirkanmaalla,
ainakin ne jotka olen tavannut.

MARIAN
Olen huomannut saman.
Aika moni niistä jotka
olen tavannut, kertovat
henkimaailman
kokemuksistaan.

ALI
(vakavana)
Tämä jääköön meidän
väliseksi asiaksi.

MARIAN
Okei en puhu tästä

kellekään.

ALI
Ai niin. Tässä kirja sinulle.
Turkin kielen alkeet. Kun kerran
pyysit sitä.

Ali antaa Marianille
punaisen värisen turkin kielen
alkeiden kirjan.

Sitten Ali alkaa kävelemään
ympäri huonetta.

ALI
Marian, sinun täytyy olla
varovainen...olen huolissani sinusta.

MARIAN
Miksi?

ALI
Menet liian pitkälle
näissä asioissa.

MARIAN
Eikö sinun pitäisi tukea minua
tässä keississä?

ALI
Pitää...mutta ole varovainen.

MARIAN
Onko Suomessa Illuminati?

ALI
On...Tesomalla on pari tyyppiä,
jotka kuuluvat senkaltaiseen...tai
sanotaan vaikka niin että
Suomessa on oma salaseura
ja omat salaporukkansa ja
salaiset tapaamisensa mutta
ne eivät ole niin yleisesti
tunnettuja.

MARIAN
Kiinnostaa tietää enemmän.
Mutta nyt minun täytyy lähteä.

ALI
Ole varovainen.

EXT. PISPALA. ILTA

Pispalan maisemia
ja Marianin asuntoa kuvataan.
Kerrostaloasunto on korkealla
ja kerrostalon ikkunat välkkyvät.

INT. ASUNTO. ILTA

Marian lukee turkin kielen
kirjaa.

Sitten hän kävelee toiseen huoneeseen.
Ja havahtuu sen jälkeen.

MARIAN
Hey, wait a minute.

Marian alkaa selaamaan
turkin kielen kirjaa.
Hän löytää kirjan
loppupuolelta
sanojen taivutusta
koskevan luvun.
Siihen on ympyröity
lause punaisella
musteella.

Lause on tämä:

*Mitä tapahtui Helsingissä
vuonna 2003? Entä
Tampereella vuonna
2011? Mieti vielä
tätä.*

MARIAN
Neuroosi 11. 2011?

INT. AUTO. 2016. ILTA

Marian ajaa autolla kohti Tampereen keskustaa.
Hän menee tapaamaan Tampereen yliopiston
kirjastoon Minna Hallan ex-naisystävää, Janikaa.

MARIAN
Neuroosi 11.

JANIKA
Mitä?

MARIAN
2011?

JANIKA
Niin, tahdot tietää siitä vuodesta?

MARIAN
Niin, mitä sinä vuonna tapahtui?

JANIKA
No...täytyy myöntää että olet
asioista perillä...ja täytyy
avautua tästä sinulle kun
tämä on sinulle niin tärkeä asia.

MARIAN
Kerro vaan.

JANIKA
Liisa, Loona ja Minna perustivat iltaisin ja öisin
Tesoman ja Ylöjärven metsiin oman salaseuransa.
He pystyttivät teltan illalla ja valvoivat siinä
öisin.

Takaumassa näkyy Liisa, Loona ja Minna
teltan sisällä yön pimeydessä.

MARIAN
Mitä he tekivät siellä?

JANIKA
He kirjoittivat politiikasta ja taiteesta
runoja.

MARIAN
Runoja. Ei mitään muuta?

JANIKA
He pitivät sitä psykedeelisenä
kokemuksena.

MARIAN
Niin kuin minäkin pidän heitä

psykedeelisinä ihmisinä.

JANIKA
Mustat metsät.

MARIAN
Mustat metsät.

JANIKA
Mustat metsät mustien
valokuvien takana.

Liisa, Loona ja Minna ovat taas
takaumassa varjoina teltan sisällä
yön pimeydessä.

LIISA
Tämän runon nimi on Neuroosi 11.

Loona ja Minna sanovat yhdessä:
"Okei!"

LIISA
...olen rakastanut vahvaa miestä
hän muistuttaa minua logistiikan yöstä
runollisen kansan virtojen tiestä
varjoisten ihmismeren risteilystä...

MINNA
Onko tuo terapeuttisi josta kerrot,
Liisa?

LIISA
Ei. Saanko jatkaa, Minna?

MINNA
Saat.

Liisa huokaa.

Takauma loppuu.
Palataan kirjastoon.

MARIAN
Neuroosi 11.
Voiko se olla syyskuun 11. 2001?

JANIKA
Juuri noin, Marian.
Olet nyt lähempänä.

                    MARIAN
                   Miten niin?

                    JANIKA
          Olet kai kuullut naisten suhteesta
                    Turkkiin?

                    MARIAN
                 Mikä se suhde oli?

                    JANIKA
        Kirsti ja Minna tekivät ihmisoikeustyötä
            Turkissa ja Kirsti sai tietää
          hallituksen salaisuuksista. Kirstihän
                vietti Turkissa kaksi vuotta.
            Viranomaiset halveksuivat heitä.
       Eräs mies, Kirstin miesystävä tarkemmin
               sanottuna alkoi jahtaamaan
         häntä koska oli niin mustasukkainen.
            Hän matkusteli paljon Suomessa,
        se mies...he tapasivat Ruotsinlaivalla...
       mutta tunsivat toisensa vasta Istanbulissa.

                    MARIAN
                   Murhaaja?

                    JANIKA
                  Omar Hasan.

                    MARIAN
                 Palkkamurhat?

             Janika nyökkää.

                    MARIAN
                  Voi helvetti.

        Marian pitää kättään suunsa edessä.

                    JANIKA
           Tuota...poliisi haluaa näistä
            murhaajista eroon...muttei
           halua sitä sanoa ääneen...siksi
         olet vapaa nyt tekemään mitä haluat.

                    MARIAN
            Siksi kai näin sen unen...
         Nyt mietin mitä tapahtui vuonna
                    2001.

EXT. SÖRNÄISTEN METROASEMA. 2001. ILTA.

INT. METRO. 2001. ILTA.

Valkokankaalla näkyy teksti:
Kaksi tuntia syyskuun 11.:n jälkeen.
Vuonna 2001. Christian on
kalju ja lihaksikas.

OMARIN ÄÄNI
Hei, Christian.

CHRISTIAN
Hei, Omar.
Christianpa tässä.

OMARIN ÄÄNI
Eteneekö asia?

CHRISTIAN
Se järkyttävä asiako?

OMARIN ÄÄNI
Kyllä, se järkyttävä yllätys.

CHRISTIAN
Kyllä, tosin siinä saattaa
kestää. Valitettavasti.

OMARIN ÄÄNI
Pidä huolta siitä että hän
tulee vittu löydetyksi.
Vaikka olisi vittu maan alla
kuntosalissa. Mä vittu vannon
sinulle että hänet täytyy eliminoida.

CHRISTIAN
Minulla on sama unelma.
Teen niin kuin pyydät....
Mutta tässä kestää kauan.

Kamera kuvaa Christiania
suoraan kasvoilta. Hän näyttää
uhkaavalta ja pelottavalta.

EXT. SUNSET BOULEVARD. KESKIPÄIVÄ. 2001.

Valkokankaalla näkyy teksti:
Sunset Boulevard, 2001.

Ennen syyskuuta, 2001.

Loona kävelee pitkän matkan
Sunset Boulevardin kujilla kohti
avaraa katua, jotka pitkin
hän kävelee pitkään, ja noin
4 minuuttia elokuvan kuvatessa
sitä kujaa pitkin. Hän saapuu halpaan
kerrostaloon, josta näkyy ulospäin
italialainen parveke.

INT. ASUNNON HUONE. KESKIPÄIVÄ. 2003

Huone on täynnä tupakansavua.

Loona puhuu pitkään naiselle
joka ei näy kuvassa.

LOONA
(hiukan ujosti)
Haluan sinun tulevan bändiprojektiini
mukaan, sillä tarvitsen säveltäjän.
Jonkun jonka kanssa hioa omia
laulujani. Tuota...en pysty itse
luomaan bändiäni, en pysty
itse tekemään kaikkea siihen
tarvittavia asioita. Olisi ihanaa
jos pystyisit tekemään kanssani
musiikkia sillä ihailen sinua
paljon, olet ehkä se suurin
sankarini ja minulla on monia
sankareita. Pystytkö auttamaan
minua?

NAISEN ÄÄNI
Uskon että yhteistyömme voi
toteutua. Uskon myös että olet lahjakas tyyppi.
Kuulostat ainakin siltä. Ja olet selvästi älykäs.
Minun täytyy kuitenkin kuulla laulusi.
Sillä olenhan...

Tupakansavun takaa paljastuu
nainen jolla on pitkät, mustat hiukset.

Nainen on Kirsti Kristiina Pelkonen.
Nimi tulee ruutuun näkyville.

KIRSTI
...Naispuolinen legenda.

Kirsti kääntyy ikkunan suuntaan
jossa on sälekaihtimet. Hän katsoo
ulos ja hänen selkäänsä kuvataan.

KIRSTI
Tavataan syyskuun paikkeilla.
On tapahtumassa nimittäin
yksi kamala isku, terrori-isku,
New Yorkissa eli maan toisella
puolen, idässä. Tavataan sen
jälkeen. Minulla on paljon
suhteita eri puolille maailmaa.

LOONA
Minulla ei.

KIRSTI
Muistan paikan jossa kaikki alkoi.
Muistan sen missä tutustuin
vaarallisiin tyyppeihin.

LOONA
Mikä paikka se oli?

KIRSTI
Muistan armeijan.

INT. ARMEIJAN TUPA. 1994. YÖ.

Valkokankaalla teksti: ”1994.”
Kirsti on naispuolisten alikersanttien
kanssa pimeässä tuvassa makaamassa
sängyllä.

NAINEN
Kuka on teidän mielestänne
komein alokas?

NAINEN 2
Minusta Eero on aika komea.

NAINEN
Entä sinä, Kirsti?

KIRSTI
Minä yritän nukkua.
En ehdi ajatella tuollaisia.

NAINEN
Kirsti, onko sinulla lahjakkuutta?

KIRSTI
On minulla.

NAINEN
Miten paljon?

KIRSTI
Paljon.

Nainen alkaa nauramaan
raukeasti. Muut nauravat sitten myös.

INT. KOMPPANIAN KÄYTÄVÄ. 1994. AAMU.

Kirsti kävelee kohti kylpyhuonetta.

Kylpyhuoneessa hän katsoo Linna-shampoo-tölkkiä.

Hän ottaa vaatteensa pois ja kävelee alastomana
suihkuttaakseen itseään.

Hän tuijottaa höyryävän veden keskellä
Linna-shampoo-tölkkiä.

CUT TO:

EXT. ITÄMERI. 1997. ILTAPÄIVÄ.

Valkokankaan teksti: "Itämeri, 1997"

Silja Line-laiva kulkee pitkin Itämerta
aurinkoisena iltapäivänä kovaa kuin
pakottaen merivirtoja tieltään kauemmas.

INT. RUOTSINLAIVA. 1997. ILTAPÄIVÄ.

Kirsti ottaa punaisesta Marlboro-askista
tupakkaa ja polttaa sen laivan tupakkakopissa
katsoen alaspäin. Hän näyttää elegantilta.
Omar on taas lyhyt ja siilitukkainen.

OMAR
Hei, kuka sinä olet?

KIRSTI
Janis. Mutta se on taiteilijanimeni.
Mun oikea nimi on Kirsti.

OMAR
Olet kaunis.

KIRSTI
Kiitos.

Omar lähestyy häntä kiinnostuneena.

OMAR
Haluatko lähteä tuonne
kannelle?

Kirsti tuijottaa häntä.

OMAR
Tupakoimaan.

KIRSTI
Okei.

INT. TESOMA. 2013. ILTA.

Ruutuun ilmestyy teksti:
Tesoma, 2013.

Christian ajaa isoa Volvoa,
jossa Omar on pelkääjän paikalla.
Christian on taas kerran mykän itsevarman
oloinen Omarin ollessa ärsyyntyneempi.

OMAR
Mitä ajattelet?

CHRISTIAN
Se on lähellä.

OMAR
Mikä?

CHRISTIAN
Pari tyyppiä tulee eliminoitua.

OMAR
Vau! Vai eliminoitua? Hoidettua?

Mitä tiedät heistä?

CHRISTIAN
He ovat sivistysihmisiä.
Lukijoita.

OMAR
Ai...mitä se tarkoittaa?

CHRISTIAN
He lukevat jotain saatanan
Shakespearea, kaksi ämmää.

OMAR
En ole kuullut hänestä.
Kuka hän on?

CHRISTIAN
Et halua tietää. Kyllästyisit
häneen piakkoin.

OMAR
Minun on mentävä naiseni luo.

CHRISTIAN
Niin minunkin.

INT. HAAPARANNAN HOTELLI. ILTA.

Marian lataa käsiaseensa miehekkäästi
hotellihuoneessaan.

Hän ajaa autolla illassa kohti Tesomaa.

Hän saapuu suuren etäisen
asunnon eteen.

INT. ASUNTO TESOMALLA. ILTA

Mari Mengele on temperamenttinen
ja sairaalloinen nainen jolla on
peruukki ja miehekäs olemus.

Christian taas on kalju ja lihaksikas.

MARIAN
Hei, Mari.

MARI
Hei, Marian. Mukava yllätys.

Miksi tulit tänne?

MARIAN
Tulin tappamaan sinut
ja sen jälkeen paloittelemaan
ruumiisi.

MARI
Entä mitä aiot tehdä
hänelle?

Osoittaa Christiania.

MARIAN
Aion tehdä hänelle saman.
Tappaa ja paloitella.

MARI
Hyvää onnea.
Tule, Marian.
Lähdetään kävelylle.

EXT. TESOMAN PIHA. ILTA

Mari kävelee Christianin ja
Marianin kanssa pitkin lumista
Tesoman pihaa.

MARI
Mitä sinulle kuuluu?

MARIAN
No viime aikoina
olen jahdannut sinua.
On ollut työntäyteiset
pari kuukautta.

MARI
Vähän vapaa-aikaa, eikö niin?

MARIAN
Kyllä. Todella vähän.

MARI
No ehkä minä voin muuttaa sen.

MARIAN
Niin, sitä sinä haluat.

MARI
Miksi sinä haluat tulla
tulevaisuudessa?

MARIAN
Lukijaksi.

Mari nauraa kovaan ääneen.

MARI
(naurahtaen)
Niin se oli pieni yksityiskohta
niissä naisissa. He olivat kaikki
lukijoita.

MARIAN
Ei tuossa ole mielestäni mitään hauskaa.

MARI
Tiedätkö että olet todella kaunis mies.

MARIAN
Ihanko totta?

MARI
Kyllä, minä haluaisin nussia
sinua.

MARIAN
Olen imarreltu.
Mutta haluan silti tappaa sinut
mielummin.

MARI
Pian olemme takaisin asunnossa.

MARIAN
Odotan sitä. Kuten sinäkin,
ruususeni.

MARI
Haluatko suudella?

MARIAN
Kyllä se sopii.

Mari ja Marian suutelevat
toisiaan.

MARI
Tule, mennään.

He lähtevät takaisin asuntoon.

INT. TESOMAN ASUNTO.

Mari seisoo, Christianin ja Marianin
istuessa.

MARIAN
Miksi sinun sukunimesi on olevinaan
Mengele?

MARI
Koska olen uuden ajan kuolemanenkeli.

MARIAN
Mitä se tarkoittaa?

MARI
Teen asioita ihmisille jos he saavat
minut pettymään.

MARIAN
Miksi?

MARI
Koska sellaiseksi minut kasvatettiin.

MARIAN
Eli ne naiset tekivät sinulle
pahoja asioita?

MARI
Kyllä.

MARIAN
En ymmärrä mitä he olisivat voineet
tehdä.

MARI
En minä heitä tappanut.
Se oli Omar ja Christian
jotka tappoivat heidät.
Minä vain välitin nämä
tapot.

MARIAN
Missä Omar on?

MARI
Hän on kuollut.

MARIAN
Mihin hän kuoli?

MARI
Kaksi tuntia sitten hän oli
vielä elossa muttei enää.

Tauko.

Christian viheltää.

CHRISTIAN
Tapa hänet jo, Mari.

MARI
Minä aion tappaa sinut,
Christian.

CHRISTIAN
Miksi?

MARI
Koska olet elänyt jo tarpeeksi kauan.

Mari ampuu Christianin huvikseen.

Christian kaatuu maahan.

MARI
Nyt on sinun vuorosi, Marian.

Mari osoittaa Mariania pitkään aseellaan.

MARI
Haluat ampua minut. Etkö niin?

MARIAN
Mitä tarkoitat?

MARI
Haluat selvitä tästä jotenkin
muttet enää osaa aavistaa miten.
Koska sinulla ei ole enää keinoja.

MARIAN
Mutta arvaa mitä tapahtuu jos
sinä ammut minut.

MARI
Mitä?

MARIAN
Kolme ystävääni tietävät kuka sinä olet
ja ovat olleet poliisin kanssa tekemisissä
viimeiset kaksi päivää.

MARI
Eli minulla ei ole mitään mahiksia?

Mari tuijottaa tyhjyyteen.

MARI
Toisaalta en minäkään jaksa täällä
kovin kauaa enää elää.

Mari ampuu Mariania kohti
mutta Marian väistyy sohvan taakse.

Kamera jää tuijottamaan
Mariania sohvan takana.

MARIAN
Niin, sitä minun täytyi kysyä
että oletko Illuminatin jäsen?

MARI
Miten niin?

MARIAN
Haluan tietää onko Suomessa
Illuminatia.

MARI
Suomessa on Illuminatin
juhlia. Ja olenhan minä...
yksi niistä harvoista.

Marian puuskuttaa.
Hän ottaa taskustaan veitsen
ja yhtäkkiä heittää sen
Marin rintaan. Mari
haavoittuu vakavasti.

Mari ontuu eteenpäin

muttei jaksa enää kulkea.

Marian ottaa häneltä aseen
ja ampuu hänet.

INT. KYLPYHUONE. ILTA.

Marian paloittelee Christianin ruumiin
suihkussa.

Marian paloittelee Marin ruumiin
suihkussa.

Seuraavassa kohtauksessa
Marian pitelee Marin
päätä lavuaarin päällä.

Marian heittää Marin jäänteet
Tohlopinjärveen jätesäkissä
painoineen.

EXT. PISPALA. AAMU.

Aurinko laskeutuu koko Tampereen
ylle, myös Pispalaan.

INT. METSON KIRJASTO. AAMUPÄIVÄ.

Marian selaa kirjoja Metson kirjastossa.
Hän kävelee Metson vessaan.

Vessassa on nainen, joka
oli sama kuin hänen unessaan,
kartanon toimistossa.

Hän suutelee Mariania.

EXT. PISPALAN RINNE. PÄIVÄ.

INT. PISPALAN ASUNTO. PÄIVÄ.

Marian on Pispalan asunnossaan,
kylpyhuoneen seinällä on
muistiinpanoja. Hän saa puhelinsoiton
Janikalta.

JANIKAN ÄÄNI
Hei, Marian. Mitä teet
parhaillaan?

MARIAN
Olen lähtemässä Tornioon.

JANIKAN ÄÄNI
Miksi?

MARIAN
Koska naiset olivat kaikki kotoisin
sieltä. Kirsti. Minna. Liisa.

JANIKAN ÄÄNI
Etsit heidän yhteyttään?
Aiotko puhua kenelle siellä?

MARIAN
Perheenjäsenille. He elävät
vieläkin Torniossa.

JANIKAN ÄÄNI
Minä etsin taas heidän yhteyttään
täältä. Minä etsin todistetta siitä.

MARIAN
Minä kävin Ylöjärvellä.

JANIKAN ÄÄNI
Hoidit homman?

MARIAN
Kyllä. Pahantekijät ovat kuolleet.
Nyt alkaa se helpoin osuus.

EXT. MAANTIE. YÖ.

Marian ajaa autollaan kohti Torniota.

INT. LIISAN LAPSUUDENKODIN ETEINEN. YÖ.

KATRIINA
Hei, kuka siinä on?

MARIAN
Marian.

KATRIINA
Oletpa sinä komea.
Minkä vuoksi tulit?

Katriinan mies, Veikko

ilmestyy oven pieleen.

                    VEIKKO
              Hei, astu sisään vain.

                   KATRIINA
              Voit yöpyä täällä.

                    MARIAN
                    Kiitos.

INT. LIISAN LAPSUUDENKODIN KEITTIÖ. YÖ.

          Huone on valaistu lampuilla.

                   KATRIINA
         Liisa asui täällä vuodesta 1985 vuoteen 2002.
           Muistan hänet todella hyvin. Hän oli
          erityinen lapsi, tosi vilkas, aktiivinen
                 ja tosi lahjakas.

                    MARIAN
          Haluan tietää, tai oikeastaan haluan
                etsiä todisteen siitä

                   KATRIINA
          Minä aistin sinusta sitä että olet
           tehnyt jotain Liisan puolesta.
              Taidan tietää mitä se on.

                    MARIAN
                 Mitä tarkoitat?

                   KATRIINA
          Veikko! Tuo valokuvat Liisasta,
            Minnasta ja Kirstistä.

                  VEIKKO (O.S.)
                  Kyllä, kultani.

                   KATRIINA
             Sinulla on hyvä aura,
           hyvät geenit ja hyvä karma.
        Vaikutat tosi merkittävältä ihmiseltä.

          Katriina hymyilee Marianille.
            Marian pysyy vakavana.

          Veikko tuo valokuva-albumin
                  ullakolta.

KATRIINA
Tässä on Liisa kun hän eli
vielä Torniossa.

MARIAN
Kiintoisaa.

KATRIINA
Niin. Tässä hän on Kirstin, Minnan
ja jonkun toisen kanssa, en muista
hänen nimeään.

MARIAN
Okei. Voitko kertoa missä
kaupungissa he olivat?

KATRIINA
Täällä Torniossa.

Marian katsoo kuvaa suht pitkään.

KATRIINA
Hän oli niin suloinen pienenä.

MARIAN
Uspenski?

Katriina vakavoituu.

KATRIINA
Se oli salasana, jonka naiset
loivat sillä he huomasivat
Marin brutaaliuden.

MARIAN
Mari...he huomasivat...
hänen brutaaliuden?

KATRIINA
He vaistosivat sen.

MARIAN
Ahaa...nyt ymmärrän.

KATRIINA
Niin.

MARIAN
No, tässä oli jo tarpeeksi

tietoa yhdelle kerralle.
Taidan tästä lähteä hotelliin
yöksi.

KATRIINA
Etkö halua kahvia tai leipää?

MARIAN
Ei, kiitos.

KATRIINA
Yksi juttu vielä!

MARIAN
Mitä?

KATRIINA
Haluatko tietää kenen energia
sinussa, ja minkä vuoksi?

MARIAN
Veit sanat suustani.

Katriina ja Marian ovat yhdessä
keittiön hehkuvan lampun alla.

Katriina lukee hänen käsiään.

KATRIINA
Voi ei. Haluan sinun tietävän
keiden energia sinussa on,
heitä on kaksi.
Siksi haluan hypnotisoida sinut.

MARIAN
Okei.

KATRIINA
Aloitetaan.

MARIAN
Okei, Katriina.

KATRIINA
Menet pian syvemmälle ja
syvemmälle, ensin metsään
ja sitten seuraat puroa, ja
sitten pääset mökille
jossa on kellari ja
kellarissa on ovi.

Aika kuluu eteenpäin.
Marianin silmät ummistuvat,
pikku hiljaa.

Marianin mielen sisältöä
kuvataan.

Marian kävelee mielessään
kellarin oven eteen. Siitä
aukeaa maisema Turkkiin.

MARIAN
Istanbul.

KATRIINA
Mitä muuta näet?

MARIAN
Auringonpaiste kaduilla.

KATRIINA
Mitä muuta?

MARIAN
Olen tummahiuksinen hulmuava
nainen.

Outoa valoa näkyy Istanbulin
kaduilla. Mystinen ja aavemainen
meditaatiomusiikki kuuluu taustalla.

KATRIINA
Herätys.

Marian herää hypnoosista.

KATRIINA
Sinussa on energiaa tästä naiseta.
Turkkilainen neito joka kuoli
kidutuksesta saamiin komplikaatioihin.

MARIAN
Ja Kirsti yritti pelastaa minut.

KATRIINA
Milloin luulet sen tapahtuneen?

MARIAN
Joskus 2000-luvun vaihteessa.

KATRIINA
Vau.

MARIAN
Vou.

Marian nousee ylös
seisomaan.

MARIAN
Nyt on minun aika lähteä.

Marian lähtee pois
keittiöstä eteiseen.

MARIAN
Kiitos kaikesta. Ja
hyvää jatkoa.

EXT. HOTELLI TORNIOSSA. YÖ.

Hotellia kuvataan ulkoa, jonka jälkeen
Marian kirjautuu sinne.

INT. MARIANIN HOTELLIHUONE. YÖ.

Marian katsoo televisiota yöllä.
Televisiosta tulee uutislähetys.

Sitten hän kävelee kylpyhuoneeseen,
jossa hän ajaa leukansa partaveitsenterällä.
Hän katsoo ytimekkään tyylikkäästi
kohti peiliä.

EXT. TORNIONJOKI. YÖ.

Kaunis auringonlaskun pimentää
lakean maiseman. Marian tuijottaa
Tornionjokea kuin itse elämän
virtaa. Hän polttaa isoa sikaria
ja juo kaljaa. Hän murskaa kaljatölkin
ja jättää sen jalkojensa alle.

INT. TOIMISTO. ILTAPÄIVÄ.

Marian katsoo valokuvakollaasia vuodelta 2003,
jossa Liisa Rouvali on Helsingissä laihana
senhetkisten ystäviensä kanssa.

MARIAN
Hän on laiha näissä.
Tosi kauniita kuvia.

Marian katsoo tarkemmin hymyilevää
Liisaa poseeraavan porukan johtajana
eräässä kuvassa.

Kamera zoomaa kuvaan.

Kamera tuijottaa kuvaa
mystisen piinaavasti.

Yhtäkkiä Marianin älypuhelin piippaa.
Janika on lähettänyt viestin:

JANIKAN ÄÄNI
Muistatko kun olit lentokoneessa
vuonna 2003? Kerroit nähneesi unta
siellä. No, sinä aikana naiset tapasivat
Helsingissä.

CUT TO:

EXT. HELSINKI. ILTA. 2003

Liisa katselee lentokonetta taivaalla
Minna Hallan kanssa. Lentokone on
sama, jossa Marian näkee untaan.
Mari Mengele saapuu Liisan ja
Minnan luokse.

LIISA
Tuolla lentää lentokone.

MINNA
Kukakohan siinä on?

MARI
Mennään kävelylle.

He alkavat kävellä.
Mari puhuu ujosti ja on
hiljainen.

LIISA
Onko ollut paljon musiikkihommia,
Mari?

MARI
(ujosti)
Kyllähän niitä on ollut.

LIISA
Muttet ole tehnyt läpimurtoa,
ja siinä saattaa kestää, eikö niin?

MARI
Kyllähän siinä saattaa.
Todennäköisesti.

LIISA
Minulla on sama juttu.
Tärkeintä on että uskot itseesi,
et ikinä lakkaa taistelemasta.

MARI
Olen samaa mieltä.
Aina pitää jatkaa koska
elämä tarjoaa niin paljon
asioita.

LIISA
Juuri näin.

MARI
Luulen että sinä olet
parempi musiikkihommissa.

LIISA
(ajattelee)
"Mari on liian ylimielinen,
liian aggressiivinen. Ei
omaa tunneälyä. Siksi
ei omaa sivistystä."

LIISA
(puhuu)
No kyllä sä vielä voit löytää
parempia asioita sisältäsi.

INT. KERROSTALOASUNNON SEINÄ. AAMUPÄIVÄ.

Erään kerrostaloasunnon
seinällä on valokuvakollaasi Liisa Rouvalin
nuoruudesta 13 vuoden ajalta,
vuosilta 2003-2016.

Takauma:

Liisa suree Minnan kuolemaa
Minnan naisystävän, Janikan
kanssa. He itkevät yhdessä.

EXT. MOOTTORITIE. YÖ.

Marian ajaa pitkin moottoritietä.
Hän saa puhelun naiselta.

JANIKA
Minulla on kuva sinulle.
Se on kylpyhuoneesi seinällä.

EXT. HERVANTA. ILTA.

Kerrostaloa kuvataan ulkoapäin.

INT. KYLPYHUONEEN SEINÄ. ILTA.

Palattuaan Marian menee kylpyhuoneeseensa.
Juice Leskisen Syksyn sävel-kappaleen soidessa taustalla,
mies katsoo valokuvaa Loonasta, Minnasta, Liisasta ja
Kirstistä yhdessä Helsingissä vuonna 2003.

MARIAN
Sairaan kaunis elämä.

Leskisen Syksyn sävelen jälkeen.

Tauko. Ruutu on mustana.

Marian katsoo Uniklubin Kukka-laulun
musiikkivideota YouTubesta.

MARIANIN ÄÄNI
Nyt on vuosi
2025. Olen ollut erakko nyt jo
monta vuotta.

Ruutuun ilmestyy teksti:

Vuosi 2025.

Marian kirjoittaa tietokoneelle
samalla kun puhuu.

MARIANIN ÄÄNI
Muistan vuoden 2009, ennen

2010-luvun alkua. Kun
tapasin Liisan. Tämä oli
hänen lempikappaleensa.

Musiikkivideo näkyy ruudulla.

MARIANIN ÄÄNI
Tämä on ajan herkin
sopukka.

Marian hymyilee viisaasti.

MARIAN
Nuku rauhassa, kaunis Liisa.

Uniklubin Kukka soi myös lopputekstien aikana.

Loppu.